Dominique Duliège

L'Eutonie Gerda Alexander

I0022741

Dominique Duliège

L'Eutonie Gerda Alexander

Éditions Vie

Impressum / Mentions légales

Bibliografische Information der Deutschen Nationalbibliothek: Die Deutsche Nationalbibliothek verzeichnet diese Publikation in der Deutschen Nationalbibliografie; detaillierte bibliografische Daten sind im Internet über http://dnb.d-nb.de abrufbar.

Alle in diesem Buch genannten Marken und Produktnamen unterliegen warenzeichen-, marken- oder patentrechtlichem Schutz bzw. sind Warenzeichen oder eingetragene Warenzeichen der jeweiligen Inhaber. Die Wiedergabe von Marken, Produktnamen, Gebrauchsnamen, Handelsnamen, Warenbezeichnungen u.s.w. in diesem Werk berechtigt auch ohne besondere Kennzeichnung nicht zu der Annahme, dass solche Namen im Sinne der Warenzeichen- und Markenschutzgesetzgebung als frei zu betrachten wären und daher von jedermann benutzt werden dürften.

Information bibliographique publiée par la Deutsche Nationalbibliothek: La Deutsche Nationalbibliothek inscrit cette publication à la Deutsche Nationalbibliografie; des données bibliographiques détaillées sont disponibles sur internet à l'adresse http://dnb.d-nb.de.

Toutes marques et noms de produits mentionnés dans ce livre demeurent sous la protection des marques, des marques déposées et des brevets, et sont des marques ou des marques déposées de leurs détenteurs respectifs. L'utilisation des marques, noms de produits, noms communs, noms commerciaux, descriptions de produits, etc, même sans qu'ils soient mentionnés de façon particulière dans ce livre ne signifie en aucune façon que ces noms peuvent être utilisés sans restriction à l'égard de la législation pour la protection des marques et des marques déposées et pourraient donc être utilisés par quiconque.

Coverbild / Photo de couverture: www.ingimage.com

Verlag / Editeur:
Éditions Vie
ist ein Imprint der / est une marque déposée de
OmniScriptum GmbH & Co. KG
Heinrich-Böcking-Str. 6-8, 66121 Saarbrücken, Deutschland / Allemagne
Email: info@editions-vie.com

Herstellung: siehe letzte Seite /
Impression: voir la dernière page
ISBN: 978-3-639-88333-6

L'Eutonie Gerda Alexander ®

Dominique DULIEGE

Préface du Docteur Xavier COURSIERES

Préface à l'édition de 2015

Voici une nouvelle édition de l'ouvrage qui a été très connu comme « **le petit livre rouge sur l'eutonie** », paru en 2002 et tiré à 2000 exemplaires, tous vendus jusqu'au dernier.

Il a beaucoup servi les professeurs d'eutonie de Belgique, de France, du Québec et de Suisse et leurs élèves pour expliquer l'eutonie.

Sur une proposition des éditions BERNET-DANILO, pour le numéro 49 de la collection Essentialis, j'avais du relever le défit de « donner, dans un langage clair et précis, l'essentiel » sur l'eutonie.

Gérard Bernet n'édite plus ses petits livres rouges.

Mais le numéro 49 manque beaucoup aux professeurs d'eutonie et à leurs élèves qui continuellement le redemandent.

Alors, c'est fait : « **le petit livre rouge sur l'eutonie** » est à nouveau édité. Maintenant par les éditions vie.

En espagnol, il existe toujours depuis qu'il a été traduit en 2011sous le titre LA EUTONIA GERDA ALEXANDER ® chez GAIA Ediciones.

Il sert les professeurs d'eutonie d'Espagne et des pays d'Amérique du sud comme principalement l'Argentine, le Chili ou le Mexique et leurs élèves.

Dominique DULIEGE
Lyon, mai 2015

Préface

L'esprit humain présente une tendance naturelle à résister à la nouveauté, à rattacher l'inconnu au connu.

Les premières séances d'eutonie sont souvent révélatrices - au sens premier du terme - révélatrices d'une perception différente du corps. Se percevoir autrement. Par la suite, cette prime expérience et le désir de la revivre seront le premier obstacle à l'approfondissement. C'est là qu'intervient l'art de l'eutoniste : son but étant de maintenir hors des sentiers connus la mobilité de l'esprit dans le corps

Mais, si l'eutonie est avant tout une pratique, elle ne manque pas de susciter des questions : chez les élèves, les patients, leur entourage. Qu'est-ce que l'eutonie ?

L'ouvrage de Dominique Duliège donne des réponses pour situer l'eutonie, ses valeurs, sa technique, son vocabulaire, son histoire. Par sa lecture, le pratiquant comprendra mieux dans quel cadre s'inscrit son expérience "du tapis", et le thérapeute, le médecin quelles sont les indications de l'eutonie et à quels patients elle s'adresse.

Le texte est simple et concret, il se veut d'abord informatif mais on y perçoit le vécu de Dominique Duliège, ses quatre années au contact quotidien de Gerda Alexander, ses dix-huit ans d'enseignement et enfin son engagement à transmettre l'eutonie.

A notre époque, les concepts de relaxation, conscience du corps, gymnastique douce, thérapie à médiation corporelle, suscitent beaucoup d'intérêt, malheureusement ils renvoient trop souvent à des notions floues et disparates. Dans ce contexte, qu'un praticien chevronné dise l'essentiel sur l'eutonie s'imposait, c'est chose faite.

Docteur Xavier COURSIERES
Novembre 2001

Introduction

Le 20ème siècle a vu naître, pour maintenir et rétablir l'équilibre de chacun, après l'essor des démarches psychologiques, les approches corporelles. L'eutonie est une approche corporelle de soi pour être réactif, réceptif et disponible au milieu extérieur, aux situations de la vie et aux autres.

Ces approches corporelles se sont développées, multipliées jusqu'à l'inflation, pour que leur nombre et l'engouement à leur égard se réduisent ensuite beaucoup. Certaines d'abord portées par la nouveauté et un effet de mode ont été par la suite lâchées, victimes de leur peu de consistance ou de leurs prétentions impossibles à tenir.

Cette recherche encore actuelle est propre à notre monde occidental. La tradition orientale a conservé depuis toujours des pratiques corporelles pour entretenir sa santé, au sens le plus large. Alors certaines techniques indiennes, chinoises, japonaises, asiatiques, ont trouvé intactes un bon accueil chez nous. Ou bien certaines personnalités en recherche ont puisé dans ces techniques ancestrales en les adaptant à notre mentalité ou en les modifiant pour parfois prendre le risque de les dénaturer.

Comme pour quelques autres méthodes, ce n'est pas le cas de l'eutonie. Ses moyens, sa pédagogie et sa cohérence lui sont propres. Sa créatrice, Gerda Alexander, une allemande installée au Danemark, a cherché pour elle et pour nous européens, ce qui de son avis n'existait pas ou n'existait plus dans notre coin du monde. Pour répondre à une tâche à laquelle sa première formation l'a amenée, elle a dû inventer une préparation corporelle à la rythmique, au mouvement et à la musique. Puis elle a cherché quels moyens elle pouvait trouver en elle-même pour dépasser et vivre avec les séquelles d'un rhumatisme articulaire aigu, aggravé d'une endocardite, qui l'a atteint très jeune.

De 1940 à 1980, Gerda Alexander a lentement construit sa méthode de connaissance et de conscience du corps. De façon empirique, s'appuyant exclusivement sur l'expérience et l'observation et non sur une théorie, cette artiste enseignante va dégager tout l'intérêt qu'on peut trouver à porter attention à nos sensations pour conserver ou retrouver le bon état de notre corps.

Mieux sentir une région du corps pour la décrisper et en libérer le mouvement ; sentir davantage le sol sous nos pieds, l'espace autour de nous et ce que nous avons en main pour être détendu et mobile ; se sentir fait de chair et d'os, bien délimité dans notre peau pour être souple et fort à la fois ; voilà trois découvertes essentielles qui avec la recherche des lois qui régissent la posture, le mouvement et le déplacement, font que l'eutonie apporte concrètement du nouveau dans tous les domaines où l'abord corporel est important.

De là est née une même pratique de connaissance de son corps, de soi et des potentialités inhérentes à chacun pour entretenir ou retrouver sa santé en dégageant les moyens de se réaliser.

Le 21ème siècle verra les pratiques corporelles de valeur subsister et seconder la médecine. La santé et l'équilibre d'un homme dépend des soins qui le rétablissent de la maladie et des blessures, mais aussi de ce qu'il peut apprendre à faire pour rester bien avec lui-même, notamment bien dans son corps et sa tête, bref bien dans sa peau. L'eutonie inspire déjà beaucoup de disciplines en sciences humaines, en développement personnel et en sciences de l'éducation. Elle entre dans la formation des soignants, des kinésithérapeutes et des psychomotriciens en particulier, des professeurs d'éducation physique et sportive et des professeurs de danse. Elle aide les musiciens pour qu'ils accordent leur corps pour la musique. Et les techniques de rééducation, d'accompagnement, la relaxation, la préparation à l'accouchement et la gestion du stress comme celle du trac, trouvent avec l'eutonie une base corporelle effective.

L'Eutonie Gerda Alexander® a dû faire l'objet d'un dépôt de marque, pour que tout le monde puisse en utiliser les découvertes, mais aussi pour que lorsqu'il est besoin de se tourner vers une référence, on puisse reconnaître un eutoniste diplômé en Eutonie Gerda Alexander (D.E.G.A), formé à apporter en toute clarté la richesse, l'originalité, la rigueur et la cohérence des moyens et de la pédagogie de l'eutonie. En toute bonne foi, ceux qui n'ont pas cette formation, l'ignorent peut-être.

Les pages suivantes tentent d'être une contribution pour dire brièvement et précisément ce qu'est l'eutonie, à quoi elle sert, quels sont les exercices qu'elle propose et par conséquent quelle est la pratique de l'eutonie. ק

CHAPITRE 1

qu'est-ce que l'eutonie

et qui est sa fondatrice, Gerda ALEXANDER :

L'eutonie est une méthode de connaissance et de prise de conscience du corps qui a pour but de libérer les muscles et l'esprit des crispations et des entraves de toutes sortes, pour avoir une sensation de bien être et pour obtenir facilement la détente dans le repos et l'aisance du corps dans l'action.

Sa cohérence et son originalité tiennent en deux choix clairement affirmés : le choix des techniques et le choix de la pédagogie.

Le choix des techniques est dicté par cette découverte : sentir une région du corps ou un geste les relâche. L'eutonie rassemble les techniques qui permettent de mieux sentir son corps. Pour transformer une attitude ou un mouvement l'eutonie ne demande pas d'imiter une autre attitude, ni de faire ceci et d'éviter de faire cela, mais de sentir ce dont on est fait et ce qu'on en fait. La transformation, la détente et l'aisance suivent plus justes et plus durables.

Le choix de la pédagogie est celui d'une pédagogie d'exploration qui permet à chacun d'être bien guidé pour que, retrouver et améliorer ses possibilités de récupération et de mouvement, deviennent son affaire. On évite ainsi en croyant se libérer, de plaquer une manière, qui ne nous appartient pas, sur d'anciennes habitudes ou tensions.

Ces deux points en font une pratique très abordable par tout le monde, par les personnes en pleine forme comme par les personnes momentanément ou durablement handicapées dans la mesure où un empêchement à faire quoi que ce soit n'est pas un obstacle à la recherche de ses sensations. Ces deux points en font une méthode de préparation corporelle dont le pratiquant appliquera rapidement lui-même les principes de base à ses particularités et à ses propres activités, sportives, artistiques ou autres, bien au-delà du domaine que l'eutoniste qui le guide, maîtrise.

L'eutonie doit être décrite de différents points de vue pour que tous ceux qui y ont recours pour des motifs parfois bien différents, s'y retrouvent.

une méthode de conscience corporelle

Pour ceux qui trouvent amoindrie ou différente et désagréable la perception d'une partie de leur corps par rapport au reste, à la suite d'un accident, d'un traitement, du surmenage de cette région ou sans raison ; pour ceux à qui un manque de sensation fait défaut pour le confort de leur position ou de l'exécution de gestes qui demandent à être précis ou répétés : l'eutonie propose des exercices qui tous appellent le développement de la conscience corporelle, certains précisément n'étant conçus que pour cela.

D'autres exercices développent aussi la perception de l'enracinement dans le sol par ses pieds, de l'impression de faire corps avec ses instruments par ses mains, de la réalité de l'espace et de la présence des autres autour de soi par l'ensemble du corps.

une méthode de relaxation

En réponse au stress, au trac, pour supprimer les tensions et les douleurs qui en résultent, récupérer de courbatures, rallonger des muscles raccourcis, retrouver des mouvements étendus, une respiration ample, lever les ennuis de santé qui disparaîtront quand les grandes fonctions organiques, comme la circulation ou le transit intestinal, ne seront plus gênés, enfin pour décharger de la fatigue ou de l'énergie qui se seraient accumulées pour que tout circule bien, l'eutonie donne les moyens pour que les muscles et toute la personne qui s'y prête, puisse s'arrêter d'agir pour trouver un repos régénérateur.

Le mot "relaxation" vient du latin. Sa racine veut dire : rendre la liberté, comme dans l'expression "relaxer un prisonnier". Il désigne une pratique qui amène des muscles enraidis, une personne bloquée dans ses gestes, quelqu'un de prisonnier de ses préoccupations, à retrouver plus de liberté.

la maîtrise du tonus

C'est ce qu'indique le mot eutonie, construit lui sur des bases grecques : eu = bon et tonos = tonus. L'eutonie est une préparation corporelle pertinente ou une rééducation complète, par la recherche qui lui est tout à fait spécifique de bien cerner, et qui permet d'obtenir le tonus correspondant bien au type de repos ou au type d'action, auquel on veut se consacrer.

Il peut être agréable et nécessaire pour se défatiguer d'arriver à un tonus bas et à la sensation d'être lourd.

C'est même un bon entraînement pour au lit, le soir chez soi, sombrer comme une masse dans le sommeil.

En séance on s'étirerait progressivement et intensément, comme un chat, avant de repartir : cela fait remonter le tonus.

Mais d'autres fois il peut être plus intéressant de se dénouer sans beaucoup baisser en tonus, pour même terminer frais et dynamique. Et par exemple la rééducation d'un musicien qui se serait crispé dans ses gestes fins, doit se terminer avec l'apprentissage qui permette de trouver un tonus haut pour assurer à sa posture et à ses mouvements, qu'il a dégagés auparavant, toute la légèreté, la vitesse ou la force que l'exécution demanderait.

En tous domaines se servir de l'eutonie veut dire savoir obtenir et constamment être sûr d'avoir le bon tonus. Le contraire d'être crispé, c'est d'être délié et mobile et non pas lourd et tout mou, ce qu'on entend encore conseiller. Quand tous les autres aspects qui sous-tendent le mouvement seraient correctement amenés, cette erreur de tonus apporterait d'autres crispations, fatigues ou douleurs.

une préparation corporelle

Pour le bénéfice d'une activité, d'un événement en particulier ou du bon emploi du corps dans la vie de tous les jours, l'eutonie amène à s'approprier un savoir utile sur l'anatomie pour le mouvement, la physiologie, l'économie et l'efficacité du geste, et les lois physiques concernant la tenue et le déplacement de l'homme par rapport à la pesanteur, c'est à dire en fonction de son poids et du poids de ce qu'il porterait.

Le repérage sur soi du bassin, de la colonne vertébrale, des os en général, c'est à dire du solide en nous autour duquel les muscles doivent s'équilibrer, est déterminant pour trouver un bon placement pour durer assis ou debout, pour agir avec discernement ou, pour déployer efficacement sa force sans se faire mal, ni au dos ni ailleurs. Rechercher le réflexe de redressement évite de subir son poids et de s'avachir. Connaître toute l'amplitude de chaque articulation par des exercices qui sortent de la routine, permet de bien en jouer. La maîtrise et la liberté de commande du mouvement demandent de ne pas exercer cette commande au hasard de fausses idées, repérées ou non, mais contraignantes, de savoir bien la faire bénéficier de ses appuis et de ne pas agir ailleurs pour en brimer le développement.

Tout cela fait de l'eutonie une préparation corporelle pour tous dans n'importe quelle activité.

 Le sportif et le danseur peuvent avec l'eutonie vérifier si leur engagement corporel est clair et sain. Les élèves des écoles de musique et des conservatoires gagneront beaucoup lorsqu'une telle préparation corporelle s'y trouvera plus représentée qu'elle ne l'est aujourd'hui. Les pratiquants du kinomichi ont inclus l'eutonie dans leur entraînement. Mais les artisans et chacun dans son métier, les hommes et les femmes dans les travaux de la maison, du jardin et dans les tâches ménagères de tous les jours transposeront et profiteront aussi de l'application des principes de bonne utilisation du corps. Les femmes enceintes trouvent avec la connaissance de leur corps et le réveil des perceptions, qui détend ou retend, une excellente méthode de suivi de la grossesse, de préparation à l'accouchement et de récupération, après. La gestion du stress, du trac, la démarche pour redécouvrir la confiance et le plaisir que l'on peut trouver dans l'eau, trouvent des bases concrètes avec la sereine maîtrise de soi qu'apporte la relaxation obtenue par soi-même et les retrouvailles avec ses sensations.

une éducation corporelle

En crèche et en maternelle l'eutonie permet d'amener les petits à découvrir leur corps, leurs possibilités de mouvements et de déplacement ainsi que leur possibilité de détente, de recentrage et de retour au calme. A l'école, elle contribue à un développement psychomoteur harmonieux. Au collège, grâce aux professeurs qui se sont intéressés à l'eutonie, elle rentre dans le programme de l'Education Physique et Sportive pour que les enfants et les adolescents investissent bien leur corps qui grandit et qui se transforme. Et c'est la Gymnastique Volontaire qui a le plus facilement emprunté à l'eutonie quand ses formateurs ont cherché, ce qu'en dehors du jeu et du sport on pouvait proposer aux adultes. L'eutonie répond à cette demande d'une gymnastique douce, pour les plus jeunes comme pour les plus âgés, qui cherchent une activité valorisante, efficace et abordable pour s'entretenir physiquement. A chacun de trouver ailleurs l'occasion de se dépenser avec le plaisir de replacer dans ces activités le bon emploi du corps qu'il aura trouvé et expérimenté en eutonie.

une rééducation

Ce sont mille moyens que l'eutonie apporte à celui qui a pratiqué ou qui commence à pratiquer à l'occasion d'une rééducation. Mille moyens qu'on peut mobiliser seul, après les soins qui suivent une blessure, une maladie, après une opération ou un traitement.

Parmi ces moyens il y a ceux qui ne nécessitent pas de bouger pour atténuer la douleur et favoriser tout ce qu'une bonne circulation amène et draine pour le retour à la santé. Après peut-être s'être ramassé, replié pour ne plus sentir, après s'être obligé à penser ailleurs ou à autre chose, rechercher à sentir l'ensemble du corps et la région qui en a besoin, sert beaucoup la convalescence. Sentir quelque chose que l'on a contre soi, comme un pansement, maintenir sa présence pour être attentif aux petits changements que cela occasionne et se donner de supprimer les tensions de protection aussitôt qu'elles deviennent inutiles, tout cela favorise un bon rétablissement.

Puis l'eutonie offre toute une gamme de petites actions, à tenter soi-même, qui va de l'intention de mouvement sans bouger, en passant par des micro-étirements, avant l'essai très suivi et très progressif de petits mouvements, qui toutes apportent ce que l'exercice par de plus grands mouvements apportera. Alors la grande décomposition qui permet d'observer pour chaque mouvement d'où on tire, dans quelle direction on pousse et comment on amène son poids à suivre, permet au convalescent d'explorer peu à peu tout ce qu'il lui sera donné de récupérer.

Bien favoriser les possibilités de circulation et de régénération avant les possibilités de mouvement est un principe très intéressant à pouvoir exercer. Un autre principe qui a une grande valeur de récupération, c'est de remplacer la répétition mécanique de gestes faits sans goût pour le faire par l'exécution de mouvements pour lesquels l'observation est continuellement portée à ce qu'on fait quand on le fait.

Physiologiquement et psychologiquement l'ensemble de cette démarche permet de garder ou de retrouver un bon rapport avec son corps par lequel on a souffert et d'en réinvestir la région vis à vis de laquelle on aurait conçu une grosse appréhension pour toucher ou pour bouger.

une méthode de developpement personnel

Tout le monde sait que nos muscles nous servent à bouger et à nous déplacer, à tenir dans les mains ou dans les bras les objets ou les êtres, à parler et chanter, etc.... Mais on doit se rappeler aussi que tout ce qu'on vit dans l'instant s'imprime sur notre musculature déjà chargée de tout ce que nous avons vécu. Alors quand un travail sur notre conscience corporelle libère nos muscles : c'est un travail de développement personnel. En eutonie, la compréhension de soi s'améliore en ramenant parfois le souvenir de la situation qui a valu un des blocages qui s'en va. Mais le plus souvent il va discrètement se remanier la nuit durant les rêves.

Etre plus disponible avec soi donne les moyens d'être plus attentif et plus réceptif aux autres. Etre plus disponible pour soi, suscite l'envie de créer, de transformer, de s'exprimer. C'est par des exercices d'improvisation de mouvements sur des consignes, qui poussent chacun à sortir des mouvements qui le caractérisent trop étroitement, que l'eutonie stimule la recherche générale du potentiel créatif que chacun, selon ses goûts, ira exprimer dans le domaine de son choix. La conscience du corps et la libération du mouvement étant le terrain d'entraînement utilisé en eutonie, c'est l'exploitation de suites de mouvements, seul, puis à deux, chacun à la fois toujours bien présent à lui mais en plus à son partenaire et enfin à trois et plus, qui permet de développer hautement la présence et le contact avec les autres. Cela servira autant la préparation corporelle du sportif pour se sensibiliser à une équipe, celle du musicien pour intégrer une formation que le travail personnel de chacun pour être bien avec son entourage.

une thérapie à médiation corporelle

On passe de la notion de développement personnel à celle de thérapie lorsqu'on veut se libérer de quelque chose qui restreint trop ou fait trop obstacle au déroulement de sa vie.

Mais l'eutonie est aussi une thérapie à médiation corporelle lorsqu'elle est utilisée contre des désordres plus graves soignés en consultation de jour ou dans des établissements spécialisés. En psychiatrie, l'intérêt de l'eutonie est remarqué quand l'accès au langage est réduit ou impossible. Enfin, la reconstruction de soi par un travail de conscience corporelle très concrétisé à son corps senti et le constant retour au réel est apprécié dans le traitement de troubles caractérisés par une trop forte intellectualisation, un manque de contact avec soi, comme un défaut grave de l'image du corps ou un surinvestissement de l'imaginaire.

la fondatrice de l'eutonie : Gerda Alexander

Dès avant sa naissance en 1908, en Allemagne à Wuppertal, ses parents avaient choisi la voie que Gerda Alexander allait prendre sur le plan professionnel. Leur fille deviendrait professeur de rythmique selon les nouvelles idées éducatives d'Emile JAQUES-DALCROZE. Ce compositeur et professeur de musique au conservatoire de Genève eut l'idée de faire sentir le rythme de la musique à ses élèves et de leur faire exprimer. Marcher sur la musique en en reproduisant les accents, les tonalités, la mesure, le dynamisme des phrases musicales, les crescendos et decrescendos, pour plus tard, après l'avoir emmagasinée en eux, la restituer. Hors de Genève, puis de nouveau dans cette ville, cet homme a créé la rythmique, qui n'est pas un art mais un moyen d'arriver à tous les arts.

Le père de Gerda Alexander est un excellent pianiste amateur. A la maison, petite fille, Gerda Alexander se montre douée et passionnée pour danser sur la musique jouée par son père et s'endort chaque soir, bercée par une œuvre de Mozart le plus souvent. A sept ans, ses parents l'inscrivent à un cours de rythmique, qu'elle suivra de 1915 à 1929, à Wuppertal, Iéna et Bonn. Parallèlement elle étudie la musique. De pratiquante, elle devient une fervente de la rythmique puis assistante pour enfin décrocher son diplôme et son premier poste au Danemark.

sa première formation : la rythmique

De ces années et de cette école, Gerda Alexander va beaucoup bénéficier. Elle y a trouvé une formation ouverte, la connaissance par des stages et des congrès de tous les grands courants de l'époque sur la danse expressive libre, des amitiés qui lui donneront bien des années plus tard les opportunités de faire connaître l'eutonie en

Europe, en Israël et en Amérique et, la première recherche qui lui est confiée : trouver une préparation corporelle à la rythmique même et au mouvement.

Très critique et très informée de ce qui existe et de ce qui se crée, Gerda Alexander détermine les premiers principes sur lesquels elle basera son travail pour amener ses élèves à retrouver un mouvement naturel, la source de leur spontanéité et le désir de créer. Pour cette libération il faudra permettre à chacun de progresser selon sa propre voie. Il lui paraît impossible de procéder par imitation ou par suggestion. Il faudra trouver des propositions de recherche que chacun puisse reprendre à son compte. Le mouvement ne devra ni entraver, ni être associé à la respiration qu'on aura soin de laisser à un fonctionnement involontaire et libre. Pour obtenir la transformation des possibilités de mouvements il faudra s'intéresser à la sensation, et que tout exercice soit indissociable de la sensation qu'il procure et qui permet de le suivre.

Gerda Alexander écrira plus tard, à propos de cette période : « Le point de départ de l'eutonie avait été mon désir de créer pour l'homme de notre temps, un enseignement qui donnerait à chacun la possibilité de développer sa propre personnalité, sans être façonné par les styles, les techniques ou les modes que nous recherchons ou subissons habituellement sans nous en douter . Ainsi conçue, l'eutonie devrait être à la base de toutes les formes des mouvements artistiques (rythmique, musique, danse, opéra, théâtre) aussi bien que de tous les gestes de la vie quotidienne, des jeux et des sports. »

son deuxième axe de recherche : sa maladie

C'est au Danemark à Copenhague et en face en Suède à Malmö et à Lund, de 1930 à 1940, que Gerda Alexander va exercer son métier de professeur de rythmique pour la formation d'instituteurs de jardins d'enfants, de professeurs de gymnastique, de chanteurs et de musiciens.

Elle va aussi réorienter ses recherches et pour plusieurs raisons décider de laisser ce qui l'avait toujours beaucoup attirée : l'opéra, la mise en scène, la direction de danseurs. L'offre la plus importante lui vient de Berlin, juste au moment où Hitler prend le pouvoir. Gerda Alexander décide alors qu'elle a mieux à faire en restant au Danemark. Et surtout, la maladie qu'elle a contractée dès l'âge de 17 ans et ses séquelles ne lui permettent plus de faire ce qu'elle veut. C'est une nécessité personnelle et profonde que de trouver à vivre et à améliorer sa qualité de vie face aux douleurs articulaires et à la faiblesse cardiaque, que lui laissent ses attaques de rhumatisme articulaire aigu et d'endocardite, contre lesquelles la médecine de l'époque ne pouvait rien.

En complément et avec les premiers principes, Gerda Alexander en trouve d'autres, concernant la récupération de la santé et l'exécution saine du mouvement. En plus de la libération apportée par le développement de la perception de son corps, le phénomène de contact libère énormément quand on recherche à sentir par son corps, son prolongement dans ses appuis, dans ses instruments ou dans des directions claires autour de soi. L'utilisation consciente du réflexe de redressement donne de la tenue à la posture et de la vivacité aux gestes. Le respect de l'anatomie pour le mouvement et la préservation de l'unité du corps, de la circulation et de la respiration, même pour un engagement qui semblerait ne concerner qu'une partie du corps, facilite le bon emploi de soi. La recherche de légèreté et de tonus pour engager le minimum de force pour obtenir l'effet maximum, quitte à engager toute sa force mais que rien ne se perde et qu'il n'en résulte ni souffrance, ni fatigue exagérée, rend possible un emploi économique.

l'eutonie

C'est en 1940 que, pour la première fois, Gerda Alexander forme des élèves à ce qu'elle appellera plus tard, sur la proposition d'un médecin, vu l'impact de son travail, l'eutonie. « Le mot eutonie (du grec eu = bien, harmonie, juste et tonos = tonus, tension) a été créé en 1957 pour traduire l'idée d'une tonicité harmonieusement équilibrée et en adaptation constante, en rapport juste avec la situation ou l'action à vivre. » Puis, un important exposé à un congrès international en 1959 et sa publication en 1964 sous le titre : « l'eutonie » en lanceront le nom.

Gerda Alexander complètera continuellement ses recherches jusqu'à sa retraite en 1987, en répondant aux sollicitations d'institutions et de particuliers pour la formation corporelle, aux demandes de services d'hôpitaux et de médecins curieux de ce que l'eutonie pouvait avoir comme impact positif pour certains de leurs patients et aux invitations d'individus et de psychothérapeutes dans le domaine du mieux être et de la thérapie. Elle a aussi répondu, quand c'était possible, au désir de certains d'évaluer scientifiquement les moyens mis en œuvre et les effets obtenus par l'eutonie. Elle a fait connaître ses découvertes par des conférences, des tournées dans beaucoup de pays : les pays scandinaves, l'Allemagne, l'Autriche, la Grèce, Israël, la France, la Belgique, la Suisse, le Québec, les Etats-Unis, le Mexique, le Venezuela, l'Argentine et le Brésil, avec des stages annuels réguliers dans certains, selon ses attaches et les invitations insistantes qu'elle recevait. Par exemple ce sont les stages des C.E.M.E.A. (Centres d'Entraînement aux Méthodes d'Education Active) et les stages "tout public", comme, sur le bord du lac d'Annecy, le stage de Talloires dès 1946, celui, dans la région parisienne, de Vaugrigneuse et celui de Strasbourg, qui ont très bien introduit l'eutonie en France.

C'est évidemment sa santé retrouvée qui lui a permis de tant voyager depuis l'Ecole Internationale d'Eutonie Gerda Alexander de Copenhague et de rencontrer énormément de personnalités qui ont marqué le vingtième siècle dans le domaine des sciences humaines. Un accident, des vertèbres fracturées, l'amène encore à trouver le bénéfice qu'apporteraient le mouvement ou le massage alors impossibles, en découvrant les micro-étirements et l'intention de mouvement.

Craignant de fixer, de figer ses recherches en les mettant en parution en librairie, son livre principal ne paraît qu'en 1976 en allemand, enrichi en français en 1977 et encore enrichi en anglais en 1985. Elle y définit l'eutonie comme suit : « L'eutonie propose une recherche, adaptée au monde occidental pour aider l'homme de notre temps à atteindre une conscience approfondie de sa propre réalité corporelle et spirituelle dans une véritable unité. Elle l'invite à approfondir cette découverte de lui-même, non en se retirant du monde, mais par un élargissement de sa conscience quotidienne par lequel il libérera ses forces créatrices, dans un meilleur ajustement à toutes les situations de la vie et un enrichissement permanent de sa personnalité et de sa réalité sociale. »

les eutonistes : les professeurs d'Eutonie Gerda Alexander ®

Après et avec tous les gens qui ont fait connaître l'eutonie en l'introduisant dans leur milieu, en organisant, en participant sur des années à des stages de Gerda Alexander, ce seront les eutonistes formés par les écoles professionnelles de Copenhague, de Genève, par une formation singulière étalée dans le temps et itinérante nommée "le Groupe International", par l'école du Québec, celle d'Allemagne, celle de Belgique, celle de Paris et celle de Berne, qui ont pris et prendront le relais. Et avec les professeurs d'eutonie, ce sont bien sûr ceux qui bénéficient de leur activité, leurs clients, leurs élèves qui en assurent la renommée.

Gerda Alexander décédant en 1994, à l'âge de 86 ans, atteste d'un beau parcours pour quelqu'un très invalidé dès ses 17 ans par un rhumatisme articulaire aigu et d'une belle recherche, qu'elle décrit aussi ainsi : « Née en occident, l'eutonie offre ainsi à nos contemporains une possibilité de mieux vivre dans le monde d'aujourd'hui, non pour en accepter sans réagir les errances et les conditionnements mais pour les aider à s'y épanouir et à s'y préserver. » ק

CHAPITRE 2

à quoi sert l'eutonie :

L'eutonie sert à évacuer les tensions et le stress. Elle sert à se détendre et à trouver un mieux être.

L'eutonie sert à se débarrasser de certaines douleurs, comme le mal de dos. Elle sert à décrisper les zones douloureuses, à entretenir le confort retrouvé et à transformer la manière de se comporter qui fait mal.

L'eutonie voit disparaître certains maux, comme une mauvaise circulation dans les jambes, ou des palpitations, ou des mains froides. Certains de ces maux sont des troubles psychosomatiques, d'autres non, simplement des désagréments.

L'eutonie sert à mieux sentir son corps pour mieux l'utiliser. Elle sert le sportif de haut niveau et le débutant, le musicien, l'artisan, chacun dans ses activités à améliorer la qualité et le niveau de ses performances.

L'eutonie sert les personnes en bonne santé et les personnes handicapées. Ces dernières se serviront de l'eutonie pour leur détente, pour leur confort, pour supprimer certains maux et aussi pour bien évaluer et bien utiliser ce qu'elles peuvent faire.

Enfin l'eutonie sert à être corporellement plus en contact avec soi. Elle sert à développer une attention et une implication plus profondes et plus sensibles dans toute relation.

évacuer le stress et se détendre

Le stress, c'est la réaction qui se produit en nous face aux grands événements de la vie ou face aux petits tracas et aux contraintes quotidiennes. Quand l'exposition aux stresseurs a été trop intense, trop prolongée ou trop répétée et que nous échouons dans nos tentatives d'adaptation pour nous épuiser : nous sommes stressés. Nous le sommes d'autant plus, si même en dehors de la situation stressante, nous n'arrivons plus à nous détendre. La définition, par son contraire, d'être stressé c'est d'être disponible. Les séances d'eutonie servent à évacuer le stress et à se retrouver disponible.

Disponible pour de nouveau voir bien, entendre bien. Pour pouvoir écouter, comprendre, retenir, réfléchir, formuler sa pensée et l'exprimer posément. Pour bien se débrouiller d'une relation délicate. Pour se sentir bien physiquement sans se sentir ni fatigué, ni agité, ni tendu, ni fébrile, ni nerveux, et respirer agréablement, régulièrement et sans bruit. Pour être habile et dosé dans ses gestes et ses déplacements. Pour bien se repérer dans un lieu et bien s'organiser dans le temps et se retrouver capable de faire tout ce qu'on faisait avant. Pour, quand on s'arrête assis, être bien posé sur sa chaise. Pour retrouver un sommeil récupérateur.

Pour voir disparaître tout un tas de symptômes dont voici les exemples classiques les plus simples : l'hypertension, la tachycardie, les mains moites, les yeux secs, la constipation, la congestion. Pour fumer moins et moins se ronger les ongles. Pour bien avec soi-même, de nouveau réagir bien et apprécier détendu les situations et les autres.

se débarrasser de certaines douleurs

Toute douleur est un signal. Elle indique que quelque chose ne va pas et précise plus ou moins où le corps en souffre. Il ne faut retarder ni la consultation chez le médecin, ni son diagnostic et les soins indispensables qu'il prescrira. Mais pour certaines douleurs le meilleur remède est de conseiller de pratiquer l'eutonie.

Pour toutes les douleurs, dont la cause est une crispation, l'eutonie en détendant les muscles responsables fera céder la cause et la douleur. Ce sont les tensions, dans la nuque, les trapèzes, le dos, les reins, les jambes, les genoux, les pieds, les épaules, les coudes, les avant-bras, les mains, les doigts que l'eutonie permet de détendre avec des moyens que l'on peut réutiliser chez soi pour même stopper très tôt un lumbago ou un début de sciatique. Cela n'empêche pas d'aller chez le kinésithérapeute ou chez l'ostéopathe, quand c'est nécessaire. C'est même très complémentaire de leur préparer le terrain et de faire tenir les effets qu'ils ont procurés, avec ce qu'on a appris à faire soi-même en séance d'eutonie. Ils reconnaissent facilement parmi leurs patients ceux qui savent travailler pour s'entretenir.

Et les médecins qui conseillent trop exclusivement d'aller à la piscine pour détendre des tensions douloureuses, gagneront à avoir avec l'eutonie, une autre proposition. La natation est excellente pour ceux qui aiment nager. Mais il faut reconnaître que ce n'est pas la panacée ni pour ceux qui, en toute chose, s'engagent comme des brutes, ni pour ceux qui nagent la brasse sans assurance et en relevant la tête pour éviter les vaguelettes de surface. Eux ne vont qu'accentuer leurs raideurs et leurs douleurs.

L'eutonie permet aussi de se débarrasser des douleurs qui résultent d'un mauvais emploi du corps. Cela se fait en deux étapes. La première sert à récupérer du surmenage, des courbatures, des douleurs musculaires et articulaires, et des tendinites, occasionnés. La seconde sert à rechercher un bon emploi du corps qui évite de ramener ces désagréments. Selon que l'exercice de sa profession est très sédentaire, amenant à rester ou assis ou debout à la même place une grande partie de la journée ou qu'il demande un engagement corporel particulier, il serait intéressant pour tous de ne pas négliger l'apprentissage d'un bon emploi du corps. Avec l'âge il devient indispensable de s'y conformer dans l'exercice de sa profession, de travaux, du sport et de la musique. Outre que le bon emploi du corps évite de souffrir inutilement, il permet d'être plus performant, plus longtemps et plus confortablement.

Enfin l'eutonie sert à mieux supporter et même à atténuer les douleurs qui suivent un accident ou une maladie pendant la convalescence. Il est très courant de se crisper par réaction de protection quand on souffre, de se tendre par crainte et par appréhension quand on effectue une rééducation qui est douloureuse. Mais c'est un mauvais réflexe qui rajoute plutôt à la douleur et retarde le rétablissement de la santé, alors que se détendre même là où cela fait mal, soulage la douleur et facilite la guérison.

faire disparaître différents maux

Indirectement par la détente du thorax, du diaphragme et du ventre, l'eutonie libère la respiration. En desserrant d'autres régions du corps, l'eutonie libère les autres fonctions organiques comme la digestion, le transit intestinal, la circulation, les fonctions hormonale et nerveuse et le métabolisme.

Ainsi l'eutonie fait disparaître, atténue ou espace différents maux, des plus communs à d'autres plus rares et se révèle être une aide très appréciable vis à vis de divers syndromes. Gunna Brieguel-Müller et Anne-Marie Winkler les ont répertoriés dans

24

leur livre "Eutonie Gerda Alexander - Pédagogie et Thérapie". De leur recensement, voici quelques exemples, extraits de listes plus longues.

Dans les troubles de l'appareil locomoteur : citons l'arthrite, l'arthrose et les rhumatismes pour les os et les articulations ; les crampes, l'hyperlaxité et les déviations de la colonne vertébrale pour les muscles et les ligaments ; plaçons ici, la sécheresse anormale et la perte d'élasticité pour la peau. Dans les troubles du système neuro-moteur : les séquelles de la poliomyélite et l'hémiplégie qui suit un accident cérébral. Dans les troubles de la digestion : la constipation et son contraire. Dans les troubles de la respiration : l'asthme et la sinusite. Dans les troubles de la circulation : certains maux de tête, les mains moites ou les mains sèches, les veines apparentes, les jambes lourdes et les impatiences. Dans les troubles d'autres fonctions : les règles douloureuses, un reste d'incontinence après l'accouchement et la difficulté de démarrer une grossesse. Dans les troubles nerveux : le stress, le trac, l'angoisse, le surmenage, l'insomnie, les dystonies et la spasmophilie. Dans les troubles fonctionnels : plaçons là, les pertes de sensibilité, les difficultés d'équilibre et de déplacement, la maladresse des mouvements qu'on va trouver isolées ou associées à une maladie ou un accident. Les douleurs et les maux consécutifs à la difficulté de bouger ou à la paralysie d'une partie du corps. L'eutonie atténue notamment les douleurs postopératoires dues aux raccourcissements occasionnés et aux cicatrices et les surprenantes douleurs "du membre fantôme" qui suivent une amputation.

améliorer la qualité et le niveau de ses performances

L'eutonie sert à développer les capacités qui manquent tant dans le début d'un apprentissage quand on sent trop son corps comme un obstacle, pataud, tout d'un bloc et sourd à la moindre commande nuancée. Par contre ce sont ces capacités, qui toutes se combinent, quand, au meilleur de sa forme, on a l'impression de ne plus faire qu'un : soi et son corps avec la réalisation de ses mouvements. On sent que tout est fluide, qu'on peut s'en rendre compte sans rien altérer, et profiter du plaisir fondamental que dégage un tel accord. On a l'impression de se prêter tout entier, tête, cœur et corps, à l'action. Le musicien, par exemple, a l'impression que c'est la musique qui l'anime pour s'exprimer sans entrave par son intermédiaire.

L'eutonie comporte des exercices pour évaluer sa souplesse, les moyens pour la retrouver et l'entraînement pour en bénéficier pendant la pratique d'un art, d'un sport et du plus banal de la vie de tous les jours.

L'eutonie développe la conscience corporelle : la perception de la forme extérieure du corps et la perception de son espace intérieur qui sert à ne rien comprimer lors de l'usage de sa force ; la situation juste des os et de leurs articulations qui facilite le placement de chacune des régions du corps entre elles et leur mobilité ; la perception du poids du corps qui permet de se situer sur ses appuis.

L'eutonie exerce l'observation de son tonus et le savoir-faire pour que la tension des muscles soit la même dans tout le corps et pour que de fortement suffisante à très réduite, elle s'adapte à ce qui est nécessaire. L'eutonie entraîne à obtenir et à doser la force, le lâcher-prise dans l'action et l'alternance activité - repos qui permet en outre que les muscles s'oxygènent dans l'effort.

L'eutonie développe la perception du sol, de l'espace extérieur, des instruments et des autres. Elle comporte par exemple des exercices qui donnent une bonne expérience d'ancrage ou d'enracinement pour la retrouver quand on veut.

Enfin l'eutonie développe la capacité d'observer et de choisir tout ce qui concerne la commande du mouvement : l'endroit du corps où il est judicieux que cette commande arrive ; les prolongements dans l'espace qui libèrent énormément l'amplitude et la vitesse du mouvement ; la précision des directions qui le clarifie. Cela est recherché autant pour les gestes qui entraînent dans l'espace que pour les prises d'appui qui redressent ou assurent une progression ou une propulsion.

Chaque série de séances d'eutonie amène à discerner ses aptitudes sur chacune de ces capacités pour s'attacher par la suite à bien en disposer dans l'activité de son choix. Voici deux exemples, pris chez les sportifs. A l'issue d'un stage d'une semaine d'eutonie pour l'Ecole des Guides de Chamonix et sans escalade durant cette semaine, un stagiaire voyait sa qualification élevée d'un coup de deux niveaux. Au canoë-kayak, une présélectionnée aux jeux olympiques d'Atlanta trouvait des appuis secondaires très complémentaires à ce qu'elle faisait globalement jusque là, pour répondre aux diverses sollicitations de l'eau de façon plus pure et pour plus détendue, doser librement sa force.

A chacun d'imaginer dans quelle activité, il profiterait de cette préparation corporelle tellement basique, qu'elle peut s'appliquer à tout.

en bonne santé ou handicapé

Qu'on se rappelle deux points concernant l'eutonie et on comprendra le secours que les personnes durement handicapées peuvent trouver dans sa pratique.

Le premier, c'est qu'il n'y a besoin que de pouvoir faire appel à ses sensations, certes avec beaucoup de détermination, pour profiter du principe actif dont découlent les effets de l'eutonie. Redisons-le, ce principe constate qu'à porter attention à une partie de son corps, on en modifie l'état pour un mieux. Ce mieux, c'est d'une part la détente, l'amélioration de la circulation et de l'état physiologique et la suppression ou l'atténuation de la douleur. Et d'autre part, c'est une grande aisance à bouger par une plus juste utilisation de ses moyens, précisément s'ils sont réduits

Le deuxième, c'est que la créatrice de l'eutonie, Gerda Alexander, a fait une grande part de ses découvertes, contrainte par la maladie qui l'a sévèrement touchée. Elle a du apprendre à se mouvoir en utilisant un minimum d'énergie et à se reposer avant d'être fatiguée. Elle a découvert qu'on pouvait produire un changement dans son corps et agir sur sa maladie, car elle était entièrement livrée à ses propres moyens après qu'on lui ait dit que la guérison était impossible. Et comme elle le confie dans le livre "Entretiens sur l'Eutonie" : la première fois qu'elle eut un succès avec son traitement, elle a senti que ce n'était pas quelque chose pour elle uniquement mais qu'elle devait l'étudier à fond pour pouvoir l'offrir et le partager avec les autres.

Saluons tous ceux qui, à sa suite, utilisent l'eutonie dans la maladie qui les atteint comme, pour ne donner que quelques exemples, dans la fibromyalgie, l'algodystrophie, la spondylarthrose ou la paraplégie.

développer une attention et une implication plus profondes et plus sensibles

L'eutonie sert à développer la concentration. Elle aide à se concentrer au sens étymologique du mot: à être avec son centre. A se recentrer quand les circonstances amènent à être extérieur à soi ou à la situation. Et il n'y a pas que le trac en public ou la peur en escalade qui vous prennent et nécessitent que vous vous ressaisissiez. Cette concentration sert au joueur de cartes ou de tennis à être bien dans sa partie. A l'enseignant qui par son métier se sent en représentation tout le temps. Au musicien quand il se perd dans la production du son, pour que cela reparte de lui. Un professeur de chant aime maintenant faire chanter ses élèves debout sur un demi-cylindre de bois, renversé. Cet exercice d'eutonie oblige pour rester en équilibre tout en se donnant à autre chose, à trouver une combinaison de concentration et de disponibilité. Ou bien on ne tient pas. Mais si l'élève est en équilibre sur sa demi-bûche, alors il peut travailler, car il est "dans son chant".

L'eutonie sert à se centrer pour être présent dans une relation autant avec son intelligence qu'avec son éprouvé corporel et émotionnel. En étant sur le moment aussi conscient de ses réactions qu'attentif à l'autre, cela mène toute relation à être plus authentique. Et cela sert en particulier la qualité de relation que cherche à établir un conseiller avec son client ou un thérapeute avec son patient.

CHAPITRE 3

les exercices d'eutonie :

Les exercices d'eutonie sont les éléments de base que le professeur d'eutonie va amener durant ses séances pour améliorer l'état général, la conscience corporelle et l'aisance à se mouvoir.

Chaque fois que Gerda Alexander est arrivée à un résultat, cela s'est fait par elle-même et pour elle, mais tout de suite après, son souci était de cerner comment elle y était parvenue et comment elle pouvait l'exprimer pour que d'autres à leur tour obtiennent par eux-mêmes une amélioration comparable. Et chaque nouvel exercice devait compléter de façon cohérente la recherche que les exercices déjà trouvés avaient amorcée. De façon très résumée, ceci décrit l'aspect principal de la démarche de la créatrice de l'eutonie.

Chaque exercice, une fois bien compris, peut donner l'idée d'en inventer toute une famille. Cependant les exercices d'une même famille se caractérisent par l'aptitude qu'ils servent à cerner.
Le pratiquant profite des effets d'une séance en saisissant bien ce qu'il fait sous les explications du professeur d'eutonie. Ayant les moyens d'y parvenir, il peut reprendre et poursuivre chez lui. Enfin il transpose et invente pour retrouver ces aptitudes et les bénéfices qu'elles apportent dans la vie courante et dans ses activités particulières, propres.

A chaque réalité cernée il a fallu donner un nom. Gerda Alexander n'a pas employé des dénominations qui évoquent des images mais plutôt des mots qui indiquent ce qu'on fait. Les mots utilisés ont parfois le même usage qu'ailleurs, d'autres fois leur signification doit être précisée.

Ainsi l'eutonie comporte des exercices d'étirement, de micro-étirement, de toucher, d'espace intérieur, "d'os glissé", de contact, de prolongement, d'espace extérieur, de circuit, de passivité, de mouvement lent, de "dessin", de repousser et d'intention de mouvement.

L'eutonie comporte des exercices d'application pour réutiliser ce qui a été trouvé par les exercices spécifiques, de façon utile et pratique dans la récupération, dans la tenue d'une posture et dans l'exécution d'une action.

Enfin l'eutonie comporte des exercices qui permettent à chacun de tester, sans se leurrer, sa progression d'un point de vue souplesse, conscience corporelle et investissement du corps dans le mouvement. Ce sont les positions de contrôle, le dessin et le modelage d'un homme ou d'une femme, et les "études" de mouvements.

les exercices d'étirement

Beaucoup d'exercices de base s'effectuent allongé sur un tapis sans beaucoup bouger, ou bien utilisent le mouvement. Mais d'autres s'effectuent assis ou debout pour la recherche de sa tenue ou bien pour s'engager dans des mouvements et des déplacements.

L'étirement libre revient sans cesse, en début de séance comme préparation, et après chaque période immobile, en s'inspirant précisément de l'étirement spontané qui vient alors. Cela correspond à bouger sans méthode pour répondre à un besoin d'éprouver sa souplesse et de faire transition, comme font les animaux, entre un moment de repos et la reprise d'activité. Souvent cela amène aussi à bailler. En fin de séance cela permet de se rendre compte du mouvement qui ne fait plus mal, de la mobilité retrouvée et de remonter en tonus sur la sensation de s'être défatigué.

Il existe une douzaine de positions de contrôle qui servent autant de test à sa progression et à sa forme du jour, que de positions d'étirement. Librement ou grâce à ces positions, ce qui rend un étirement bénéfique et efficace ou bien inutile et nuisible, c'est la manière de s'y investir. Au lieu de forcer sur ses muscles contre la réaction de protection que cela déclenche, ce qui change tout pour aller plus loin qu'en forçant, c'est de s'étirer progressivement en sentant tout ce que petit à petit l'étirement procure comme sensations. Alors on a l'expérience que les muscles qui s'étaient d'abord rebellés, pris en défaut de souplesse, acceptent de s'allonger et retrouvent leur élasticité. Comme pour chaque exercice d'eutonie, tous les autres le servent. Là l'entraînement à sentir son corps sert l'exécution des étirements.

On ne retrouve le micro-étirement qu'en eutonie.

Pour un micro-étirement du talon par exemple, on est allongé, jambes allongées et on tente de grandir d'un talon tout droit sur le sol, longtemps et sans rien faire de tout le reste du corps qui se laisse solliciter pour donner de la longueur. L'avancée du talon est à peine visible mais réelle et c'est très prenant à maintenir. Avec ces micro-étirements on constate que les personnes raides rallongent leurs ligaments et leurs tendons et que les personnes hyperlaxes les retendent. C'est très appréciable pour ces dernières qui sentent peu de chose à s'étirer et qui s'éviteront ainsi leurs fréquentes entorses.

les exercices de toucher

Les exercices de toucher servent l'exploration de ce qu'on peut sentir de son corps quand on utilise le fait d'être contre quelque chose, de glisser une baguette de bambou contre soi ou de rouler une balle sur soi pour s'aider à sentir.

Si on fait très léger, on va réveiller la sensation de sa peau en surface et au total de son volume et de sa forme extérieure. Pour le dos, c'est bien, quand quelqu'un d'autre roule la balle. En séance collective, on profite d'être plusieurs pour un travail à deux ou à plus. Mais tout ce qu'on apprend à trouver seul, permet de ne pas dépendre de quelqu'un quand on veut le refaire chez soi et d'en faire usage pendant et pour une autre activité. Si on part d'une région pour de façon systématique chercher chacune des régions et trouver tout l'ensemble du corps, on appelle l'exercice : un inventaire. S'il porte sur le toucher, allongé et guidé par le professeur d'eutonie on recherche ce qu'on sent toucher contre le tapis, comme l'arrière de la tête et ce qui ne touche pas, comme le cou, ainsi de suite jusqu'au bout des doigts et jusqu'aux pieds.

Si on procède d'une recherche qui, pour chacune des régions, part du centre pour trouver la distance entre ses deux faces de côté et son épaisseur entre l'avant et l'arrière : on procède à la recherche de son espace intérieur. Cela sert à desserrer les régions resserrées, et à les garder ainsi dans l'usage de sa force.

Contre le sol on va trouver la surface de son corps et on va en sentir la consistance : celle de sa peau, de ses muscles et par endroit de ses os. Pour une recherche plus précise des os, on tapote avec un gros bambou pour les sentir grâce à la résonance des petits chocs. Cela détend beaucoup les muscles profonds. C'est souverain pour la circulation comme aussi pour la récupération après un effort sportif. Après cette stimulation, allongé, on tente de glisser l'os qu'on cherche comme s'il était possible d'agir de l'os au milieu des muscles au repos. Cela rend très actif à la recherche de la sensation de l'os. C'est l'exercice de "l'os glissé".

les exercices de contact

Pour obtenir un bon contact entre soi et l'extérieur, la démarche est d'ajouter à la recherche de ses sensations corporelles, celles des supports et de l'espace autour de soi et dans l'espace la perception des objets et des autres, qu'on les touche ou qu'on ne les touche pas. C'est un puissant moyen de détente pour le dos, ou pour n'importe où, que de s'allonger sur un bâton et de chercher à le sentir. Et parce qu'on a su établir un bon contact, au même sens qu'en électricité, cela permet de décharger la fatigue et d'évacuer le stress.

Le contact donne une bonne adaptation et du confort vis à vis des supports : on parle d'ancrage, d'enracinement et d'assiette. Le contact sert la cohésion entre soi et un instrument, entre soi et un partenaire, comme entre le cavalier et son cheval, pour ne faire qu'un. C'est une étape après la perception de soi, de pouvoir la garder en recherchant l'accord avec un partenaire. C'est une autre étape que d'arriver à porter une égale attention à deux personnes. Après ce n'est qu'une question de nombre. Se prolonger dans l'espace libère énormément la posture et le mouvement. A partir du sommet de la tête chercher à sentir au dessus le point d'impact au plafond qu'aurait une extension de soi, est un exemple de prolongement.

Si tout cela ouvre et tourne vers l'extérieur, à l'inverse on peut faire contact d'une partie du corps avec une autre. Par exemple faire contact entre les deux mains jointes. Le principe mis en jeu fait garder pour soi sa chaleur et son énergie. C'est ce qu'on fait naturellement en situation de faiblesse sur fatigue ou froid quand on ne peut rien faire d'autre. Cela fait circuler l'énergie entre les deux mains et sur ce circuit qui, dans ce cas, va de l'une par un bras, le thorax, et l'autre bras, à l'autre main. Ce sont les exercices de "courant" ou de "circuit".

les exercices de passivité

Etre actif, c'est le fait de faire quelque chose. Etre passif, c'est le fait de ne rien faire. Cet état s'observe et peut faire l'objet d'un entraînement. C'est capital en relaxation et c'est essentiel au cours d'un apprentissage pour affiner ses gestes ou pour lâcher ses coups. L'exercice le plus simple consiste à s'allonger sur un tapis et région du corps après région du corps partout où il suffit de constater qu'on fait quelque chose pour ne plus le faire, établir un grand repos. Car ne pas bouger ne suffit pas. Qu'on tienne les épaules un peu au dessus du sol, ou qu'on les plaque, même sans le vouloir, c'est rester actif, parfois sans pouvoir faire autrement. Etre passif c'est lâcher prise. Se poser. Ne rien faire et ne rien empêcher. Laisser faire la respiration. Ne pas se bloquer dans l'immobilité, mais bouger sur besoin pour, après, mieux se replacer, passif. Ce qui peut aider, c'est de chercher à sentir le sol pour s'y laisser aller ou pour laisser le sol nous porter. On peut pour y arriver faire le contraire, porter l'avant-bras, en évaluer le poids et l'action à faire, pour exercer sa commande : « toc, rien faire » en le laissant retomber comme ça vient, sans ni le jeter ni le raccompagner au sol. Ce sont les exercices activo-passifs.

A deux, on demande à son partenaire de mobiliser par exemple l'avant-bras pour faire jouer l'articulation du coude, afin que l'on puisse s'exercer à ne rien faire : ni freiner le mouvement, ni l'aider. Ces mouvements que l'on fait pour quelqu'un d'autre s'appellent des mobilisations passives et ne sont basés ni sur l'étirement, ni sur la musculation, mais sur l'exploration du jeu articulaire et de la disponibilité musculaire.

Dans le même ordre d'idée, on peut faire seul des mouvements avec pour seul but celui de sentir et de situer ses articulations. Les exercices de mouvements lents, eux, combinent une grande passivité, l'action minimum et une grande observation par exemple de la tête qu'on roule sur le sol sans la porter ou bien des os de l'avant-bras qui se croisent et se décroisent pour qu'avant-bras, poignet et main tournent .

Plaçons là les exercices qui mènent à suivre jusqu'où on peut sentir sans rien faire la répercussion du mouvement de la respiration ou bien la propagation des vibrations de la voix quand, bouche fermée on produit un « mmm » ou un autre son.

les exercices de "dessin"

"Dessiner", c'est au préalable bien sentir une partie du corps comme le bout des doigts, le coin de l'épaule ou le talon et bouger à partir de là. C'est bouger en sentant constamment l'endroit où on a placé la commande et se prêter au jeu de découvrir et de suivre dans l'espace autour de soi le dessin continu qu'on arrive à décrire. Cela doit d'abord délier la région, puis de proche en proche toutes les autres, sans qu'aucune ne bouge autrement que pour suivre. Finalement on observe, et c'est l'expression consacrée, "le dessin et ses conséquences", c'est à dire l'organisation, depuis ses appuis, de tout le corps pour suivre la région entraînante. C'est là qu'on peut placer la notion de prolongement, en bougeant guidé par ce que la projection du bout des doigts dessinerait sur le mur ou sur le plafond. Ces exercices élargissent la gamme de mouvements, entraînent la précision de commande des gestes et donnent rapidement une impression de légèreté, car ils égalisent et montent le tonus de l'ensemble du corps.

les exercices de repousser

Il s'agit d'exercer sa force contre un appui stable pour se redresser, se déplacer ou sauter, ou pour soulever, pousser quelque chose, ou lancer quelque chose. Au plus simple, c'est, allongé sur le dos, les jambes fléchies, les pieds contre le mur, exercer sa force des pieds contre le mur pour que les jambes se déplient et que tout le corps, glissant sur le sol recule. Dès le début, la moindre poussée des pieds gagne par les muscles et les os l'autre extrémité du corps : la tête. A suivre et à faciliter la propagation de la poussée, on dit en eutonie qu'on en suit le "transport". Petit à petit c'est un réflexe qu'on libère : le réflexe de redressement. Ces exercices demandent à clarifier la direction de la poussée, le placement de son poids sur ses appuis et l'organisation interne de son squelette, des vertèbres en particulier, pour avec un minimum de force obtenir un maximum de résultat. Ce n'est pas que de la musculation comme ça l'est ailleurs quand il n'y a pas d'appuis actifs. A deux, se repousser mutuellement ressemble à de la lutte. Pour libérer le "transport", allongé sur le sol, seul ou en demandant à un partenaire de nous les procurer, on peut suivre l'effet de poussées très brèves et rythmées : un exercice de vibrations qui alternent poussées et retours élastiques.

l'intention de mouvement

Pour garder un caractère effectif et ne pas être qu'un jeu d'imagination, ces exercices nécessitent de venir en complément des mouvements normalement effectués. On pense le mouvement sans le faire et curieusement les sensations, qui accompagnent habituellement le mouvement, viennent. C'est une excellente préparation mentale et physiologique des gestes.

les exercices d'application

Ils préparent à retrouver les principes de l'eutonie hors des séances. Citons deux exemples précieux. La recherche d'une bonne position assise est rarement si bien menée qu'en eutonie. Sur des bases d'anatomie repérées sur soi, dont les ischions, qu'en anglais on nomme "sitting-bones" = "les os sur lesquels on s'assoit", tout le monde peut en intégrer les éléments pour ne pas avoir mal au dos, être à l'aise et concentré, qu'au départ on soit raide ou hyperlaxe, le dos rond ou les reins cambrés, qu'on soit enfant, adulte, pianiste, architecte ou secrétaire. La recherche d'un bon équilibre s'entraîne debout sur un demi cylindre de bois posé sur sa face arrondie. Jouer du violon ou de la flûte traversière sur la bûche, libère par la suite l'implication corporelle du musicien. Pour le reste, c'est la demande des participants qui fera rechercher les principes de l'eutonie pour un bon déroulement du pied dans la marche, pour transformer la tâche de passer l'aspirateur en une séance d'eutonie, etc.

les exercices tests

Nous avons déjà parlé des positions de contrôle. Elles ont été trouvées par Gerda Alexander, même si on peut les trouver ailleurs, quand elle a cherché comment repérer tous les raccourcissements qui peuvent nous atteindre. D'après son expérience, il serait illusoire de croire avancer dans le développement de sa conscience corporelle si l'aisance à prendre ces positions ne progresse pas aussi.

le test du modelage

Le modelage d'un corps humain, à partir d'un bloc de pâte à modeler, les yeux fermés, en se donnant vingt minutes environ, renseigne sur l'investissement corporel de son auteur. Faire un dessin, les yeux ouverts, aussi. Après on en regarde l'état de finition général sans attacher d'importance au fait qu'il sera différent selon que l'auteur a des dispositions ou pas. Et les régions bien rendues et facilement réalisées indiqueront les régions du corps que son auteur investit facilement. A l'inverse les régions mal rendues désigneront celles qui lui sont difficiles à investir. Par exemple, cela permet de dire à une étudiante, dont le modelage était bien réalisé et imposant pour la tête, le thorax et les bras mais mal rendu et trop faible pour le bassin et les jambes, qu'elle a probablement plus de facilité à investir le haut du corps que le bas. Or il se trouve qu'en compétition de natation, tous ses entraîneurs avaient répété que sur ses bonnes performances, si elle voulait progresser, elle devrait "trouver ses jambes" qu'elle sous-utilisait par rapport à la propulsion qu'elle obtenait des bras. Le modelage donne des indications pour diriger son travail de conscience corporelle. De la même façon dessiner un squelette met en évidence les grosses erreurs de la représentation de son corps.

les "études de mouvement"

C'est autant l'occasion de faire le point et de suivre son évolution, qu'un outil de travail. On demande de rechercher à exploiter à fond un principe d'eutonie dans une suite de mouvements, qu'on présentera. Cela requiert plusieurs improvisations. Puis d'en retenir, avec créativité, de quoi arrêter une forme qui se déroulera du début à la fin, d'une façon définie. Pour soi-même et grâce à l'observation de ses camarades de séance et à celle, exercée, du professeur d'eutonie, c'est une confrontation avec tout ce qu'on prétend développer. C'est aussi une occasion d'utiliser une suite de mouvements et de la répéter en cherchant à en améliorer la qualité d'exécution avec par exemple un tonus plus léger, une meilleure conscience du dos, plus de centrage sur soi ou de rayonnement vers l'extérieur, et plus d'attention à ses partenaires dans le cas d'une "étude" à plusieurs.

CHAPITRE 4

La pratique de l'eutonie :

« Ce qu'il faut c'est commencer à apprendre, un peu plus chaque jour, qu'on est ce corps sur lequel on peut prendre appui. » Gerda Alexander.

www.eutonie.com

Depuis quelques années la recherche d'une adresse pour pratiquer l'eutonie est facilitée par l'ouverture des sites Internet par les associations d'eutonie. Facile à retenir ou facile à demander à quelqu'un qui le fera pour soi, si on ne s'y connaît pas, il faut aller, par exemple, sur : www.eutonie.com. Tandis qu'avant il fallait connaître un eutoniste pour avoir la liste des autres. Ou bien il fallait s'adresser à l'association nationale de son pays, dont l'existence est toujours mentionnée à la fin d'un article ou d'un livre sur l'eutonie. Merci à Internet, car les professeurs d'eutonie diplômés ne sont pas très nombreux et dispersés dans les pages jaunes de l'annuaire de France-Télécom où aucune des rubriques ne leur permet de ressortir pour ce qu'ils sont. Leur petit nombre est dû à la longueur de la formation menant au diplôme et aux promotions internationales. A chaque sortie, chaque pays n'en voit s'installer que quelques uns. Trouver la juste mesure entre la qualité de la formation et la quantité des eutonistes formés, est une vraie réflexion de fond. Actuellement en l'étalant sur quatre ans, c'est la qualité qui prime.

A l'initiative d'un musicien et d'une eutoniste, il s'est créé une association "eutonie pour les musiciens et les chanteurs", nommée : L'astragale. Son but est de faciliter l'accès des musiciens et des chanteurs à l'eutonie. Son site :
www.eutoniepourlesmusiciens.com

41

séances hebdomadaires ou stages

L'organisation de sa pratique d'eutonie dépendra d'une part qu'il y ait, ou non, un eutoniste dans sa région et d'autre part de ses possibilités à se réserver du temps pour soi. Chaque formule a son intérêt. Aller une fois par semaine pour une séance d'une heure et quart en moyenne, c'est profiter d'une certaine régularité. Les effets seront progressifs. Il sera plus facile d'extraire ce qu'on reprendra à son profit chez soi. Chaque semaine on sera encouragé à persévérer et on aura l'occasion de se faire préciser tout ce qu'on a constaté en essayant dans l'intervalle. Comme on pourra aussi, sur d'autres périodes, se reposer sur ce qu'apportera la participation aux séances qui vont ponctuer le trimestre ou l'année. Un week-end d'eutonie, c'est trois temps de travail : un le samedi après-midi, un le dimanche matin et un le dimanche tôt dans l'après-midi pour avoir le temps du trajet de retour. Une fois par mois, on retrouve une autre forme de régularité. Ponctuellement, c'est comme faire un stage de trois jours ou d'une semaine, c'est soit choisir une formule plus intense, soit s'offrir en même temps une coupure. Le stage peut se tenir dans un établissement qui assure l'hébergement et les repas et qui est souvent situé dans un cadre agréable. Ainsi sans se surcharger on y peut associer des temps de marche ou de lecture parce qu'il y aura du temps entre les séances d'eutonie. Enfin le mini-stage, c'est sur la même semaine, une séance de deux heures, chaque matinée, ou chaque après-midi ou chaque soirée. Il faut être proche du lieu de travail d'un eutoniste et alléger sa semaine. Par contre cette formule ne l'occupe pas entièrement.

salle, sol, mur et squelette

Une salle d'eutonie est une vaste pièce, claire, aérée et située dans un environnement tranquille. Pas de pénombre, ni d'encens, pas même de musique. Rien aux murs. Il faut qu'on puisse s'y adosser, s'y appuyer et y exercer sa force. En hiver, le sol en

42

particulier doit être suffisamment chaud. Il ne faut pas avoir froid pour se détendre. Au sol donc de la moquette ou un tapis sur le parquet et des petites nattes qui permettent à chacun de délimiter sa place. Des nattes en coton. C'est plus agréable que du tissu synthétique et cela permet de se défatiguer contre le sol plus facilement que sur de la laine. Pas trop épaisses. On se détend plus facilement sur un sol ferme que sur un matelas mou. Le tout, blanc cassé, ou bleu pastel par exemple, doit être propice à la recherche de sa conscience corporelle dans la sérénité, à la détente sans artifice et offrir la place de bouger. Et dans un coin, un squelette en plastique grandeur nature. C'est considérable ce qu'il apportera dans la connaissance de soi et dans la compréhension des attitudes et du mouvement. Il n'y a pas de vrai travail de conscience corporelle sans la recherche de l'os. C'est dommage que dans notre culture le squelette ait symbolisé la mort. Depuis notre plus jeune âge, il est notre force en nous. C'est aussi la moelle osseuse qui produit les globules rouges, les globules blancs… la vie. Et si après notre mort il subsistera au delà du reste, ce sera pour témoigner d'une vie. Mais avant, pour chacun, autant bien le connaître, pour bien l'utiliser et qu'il dure longtemps.

bambous, balles, bûches et marrons

On quitte ses chaussures pour être pieds nus en été et en chaussettes en hiver. On desserre les vêtements qui serrent ou on se change pour mettre ceux, plus amples, qu'on a amenés exprès et qu'on ne craindra pas de froisser. Il est important qu'on puisse se rendre compte de l'amplitude qu'on a pour fléchir dans la hanche et pas des limitations qu'impose un pantalon serré, de la souplesse ou de la fermeté de ses muscles et de sa peau et pas de la compression que procure le tissu du collant.

Il n'y a pas de pré-requis pour commencer. Pas de philosophie à pénétrer. On peut aussi apprécier que même pour la correction d'un geste il ne soit pas nécessaire de tout reprendre à zéro. Il n'y a pas beaucoup d'explications à intégrer pour dépasser une difficulté ou se transformer, elles viennent au fur et à mesure de la pratique. Il n'y a pas de grands détours. Si on vient détendre les épaules douloureuses, on s'y emploie directement. Très rapidement on replace dans ses activités les principes de base dont on a eu la démonstration durant la séance. Les progrès dépendent beaucoup de la recherche intuitive qu'on a pu mener avant, de l'attente qui se voit comblée parce qu'on est prêt à porter attention à ce qu'on n'a jamais remarqué et à essayer autrement ce qu'on a fait jusque-là, faute de savoir comment faire mieux.

C'est donc une pratique directe, concrète. Et quatre sortes d'objets la caractérisent et viennent faciliter la recherche de sensation, déclencher la détente et solliciter la mobilité. Des bambous. Une petite baguette, comme celle qu'on trouve dans les restaurants chinois, à glisser sur le visage ou sur les doigts. Un long bambou, équivalent à la moitié d'un manche à balai à installer en arrière, de côté et le long de la colonne vertébrale pour s'allonger dessus, et détendre le dos. Un gros morceau de bambou de cinq centimètres de diamètre à entourer de la main, du pouce et des doigts pour s'entraîner à ne faire qu'un avec un instrument et à l'avoir bien en main sans se crisper dessus. Des balles. Des balles de tennis pour enfants ou usagées, c'est à dire, des balles pas trop dures pour y poser et détendre la région des trapèzes, celle qui se trouve en haut du dos, entre les épaules et à la naissance du cou. Ou pour rouler sous la plante des pieds, sur toute la jambe ou sur le ventre ou sur le thorax. Si s'allonger sur un bambou ou sur une balle peut être rude au début de la séance mais très efficace et bien supportable par la suite, l'utilisation de petits sacs remplis de marrons d'Inde, qu'on place sous le cou, sous les reins, sous les creux des genoux ou qu'on pose sur l'épaule, est très confortable dès le départ et très relaxante. Enfin la bûche est un demi-cylindre d'une longueur de cinquante centimètres et d'une largeur d'un pied pour qu'on monte debout sur la face plate, la face arrondie contre le sol procurant la recherche d'un équilibre détendu. Pourquoi des bambous et des marrons, plutôt que des bâtons et des coussins : parce que ce sont de bons conducteurs pour décharger la fatigue ou l'énergie bloquée. On raconte que les vieux dans nos campagnes ont des marrons dans les poches contre les rhumatismes. C'est cependant le travail corporel qui compte et c'est aussi pourquoi en eutonie le matériel n'est guère plus diversifié que : bambous, marrons, balles et bûches.

séances en groupe

L'eutoniste s'appelle professeur d'eutonie pour que tous ceux qu'il reçoit s'appellent élèves. Elèves et pas patients. D'une part parce que tous ne sont pas malades ou ne souffrent pas de quelque chose, et d'autre part pour que cette appellation responsabilise ceux qui le sont vis à vis du processus de restauration de la santé qu'ils vont mettre en œuvre avec l'aide de l'eutoniste.

La séance collective va rassembler selon l'horaire de la journée de trois à cinq, à huit personnes et dans certaines circonstances un peu plus. Ce travail en groupe ne veut pas dire qu'on soit confronté aux autres.

Cela tenait à cœur, à Gerda Alexander, d'avoir une pédagogie sans modèle ni jugement, par laquelle chacun puisse trouver son cheminement. Au contraire au milieu de quelques personnes dans la même recherche, on peut trouver la tranquillité de ne pas se sentir observé, l'aide des réponses faites aux autres, la patience qu'on doit se donner en voyant les autres devoir en faire preuve et la stimulation d'entendre le profit que d'autres tirent de la pratique que tous partagent.

La séance en groupe prépare à travailler seul et elle a un autre intérêt : son coût est moindre que celui de la séance individuelle. L'eutonie n'est pas remboursée par la Sécurité Sociale. Cependant il n'est pas exclu que cela intéresse les mutuelles, la formation continue, le comité d'entreprise, l'association en échange du travail bénévole, de payer les séances d'eutonie. Parce que ces organismes en viennent à penser qu'il est moins coûteux, plus humain et plus intelligent d'assurer un équilibre à leur personnel et d'éviter des soins, l'arrêt de l'activité, un travail dans de mauvaises conditions en prévenant le mal de dos ou le stress, pour prendre deux exemples qu'on dit du siècle. Le prix "Santé et Entreprise" décerné en 1999 par le Club Européen de la Santé à ceux qui ont créé un atelier de gestion du stress par l'eutonie pour le personnel d'un hôpital belge de la région de Namur, en témoigne. Mais de façon plus personnalisée il ne faut quelquefois qu'un tout petit dossier expliquant qu'on a trouvé la solution à son problème, pour la voir financée.

Dans un petit groupe on travaille beaucoup les yeux fermés pour n'être distrait par rien et être bien en recherche de ses sensations, guidé par l'eutoniste qui donne continuellement les indications et alterne aussi avec des moments où il laisse chacun à sa recherche. Après on utilise les yeux ouverts ce que l'on a trouvé les yeux fermés. On est finalement peu obligé de parler. Ce qui n'exclut pas de s'exprimer utilement et de comprendre des sensations physiques, liées à un ennui de santé ou ressenties dans une action particulière, qui ailleurs ne sont pas retenues parce que mal comprises.

S'exprimer sur ce qu'on a perçu durant la séance sert pour soi et pour l'eutoniste à évaluer la pertinence de ce qu'on a essayé cette fois et à prévoir la suite.

Il n'y a pas de contre-indications à pratiquer l'eutonie. Si quelqu'un vient avec des recommandations pour faire attention à ceci et pour éviter de faire cela, c'est de fait, tout de suite, intégré par la démarche de l'eutonie. Tout se fait en étant attentif à ce qui se passe. Et pour chacun il n'y a pas autre chose à faire que de découvrir ce qui lui est possible de faire. Mais il est intelligent de s'en ouvrir à l'eutoniste pour être deux à être prévenus. La seule erreur qu'on puisse faire c'est d'aller pratiquer l'eutonie pour obtenir ce que l'eutonie n'apporte pas et ainsi retarder une mesure à prendre.

séances individuelles

Si, comme l'écrit Gerda Alexander : « l'expérience que l'on peut soi-même répondre à beaucoup de difficultés est toujours fondamentale », les séances individuelles permettent à l'eutoniste d'apporter une aide quand c'est nécessaire. Quand il n'est pas possible d'obtenir l'effet qu'on trouve soi-même en sentant et en bougeant, l'eutoniste peut suppléer à cela en sentant ce qu'il touche et en mobilisant ce qu'il aide à détendre. Et si "l'élève" reste très attentif à ce qu'il sent, le principe mis en jeu est alors l'effet de l'attention que porte l'eutoniste à ce qu'il perçoit par ses mains en contact avec le corps de l'élève. Une partie de sa formation professionnelle l'a entraîné à sentir, suivre et favoriser en dirigeant son attention de façon précise sur ce qu'il sent ou mobilise de ses mains, la détente, le retour de mobilité, l'amélioration de la circulation du sang et de l'énergie, qu'il entraîne ainsi. Il est intéressant dans tous les cas particuliers, comme par exemple dans le cas de séquelles d'hémiplégie que l'eutoniste puisse apporter des sensations, des étirements et des mobilisations.

Et parce que les séances individuelles sont prises sur rendez-vous, cela permet de les échelonner et de les placer en vue de la préparation d'un concours ou d'un concert, par exemple, c'est à dire chaque fois que le but est précis et l'échéance donnée.

Selon les cas, les séances individuelles sont nécessaires, permettent de commencer la pratique, ou bien se combinent avec les séances en groupe.

le professeur d'eutonie

Les professeurs d'eutonie ont en général une première formation et viennent principalement du milieu paramédical ou du milieu des professeurs de sport, de danse ou de musique. Ils ont pratiqué l'eutonie régulièrement en amateurs deux ans au moins pour être sûrs de leurs intentions.

La formation professionnelle apporte une formation de base en anatomie, en physiologie, en psychologie et en pathologie. Elle apporte une culture générale sur le contexte dans lequel l'eutonie s'est développée et sur sa place aujourd'hui par rapport aux méthodes voisines, différentes ou complémentaires.

On étudie la pédagogie et l'éthique propres à l'exercice de l'eutonie. La profession a tenu à se doter d'un code de déontologie.

Mais le principal reste acquis par l'expérience d'un long travail sur soi selon les principes et les exercices d'eutonie. Car pour entraîner et suivre les gens dans leur cheminement de conscience corporelle de façon utile, il faut y être largement passé et repassé soi-même. En séance, le professeur d'eutonie réalise en même temps en lui ce qu'il demande. C'est sa présence à son propre corps et son adaptation à ce qu'il déduit de la recherche de ses élèves qui donnent une réalité à ses consignes et qui caractérisent la pratique de l'eutonie en ce qu'il n'existera jamais de cassettes enregistrées de cours ou de leçons d'eutonie. Tout se perdrait en quelque chose de machinal et de routinier. ק

Conclusion

J'ai écrit ce petit livre en pensant à tous ceux qui ont trouvé en l'eutonie, une pratique qui les satisfait mais qui peinent à s'en expliquer à leur entourage, quand bien même, l'intérêt porté à ce qu'ils font, est sincère. Ce sera pour eux un petit livre pour parler de l'eutonie.

Plus directement j'ai pensé à ceux qui tomberont sur ce titre en se disant que c'est ce dont on leur a parlé peut-être depuis longtemps, ou bien souvent, ou tout récemment, sans cependant qu'ils aient pu très bien saisir, ou retenir, ce qu'est l'eutonie, son utilité, sur quels principes elle repose et comment elle se pratique. Le petit prix, le contenu de quelques pages, possible à lire, tout de suite ou plus tard, d'autant que le format permet de glisser le petit livre dans sa poche, en vaudront l'acquisition pour avoir ou retrouver ces renseignements sur l'eutonie.

Enfin j'ai pensé à ceux qui sont en train d'écrire un livre, un guide, un article, ou un travail de fin d'études dans ce domaine et qui n'auront le temps ni d'une enquête, ni d'un stage, pour découvrir l'existence et la valeur de l'eutonie. Ils auront là le strict essentiel pour pouvoir citer l'eutonie, en enrichissant ainsi leur document par rapport à ceux, qui de livres en livres ne citent pour la relaxation par exemple, que les deux méthodes pionnières Schultz et Jacobson dont de nos jours il serait pratiquement très difficile de trouver un praticien, alors que le public qui cherche, sait, au milieu des méthodes existantes (la Gymnastique Holistique d' Erhenfried, la Méthode Vittoz, la Technique Alexander, la Méthode Feldenkrais, l'Haptonomie, la Sophrologie et le Yoga) trouver l'eutonie et la liste des eutonistes.

Que ceux qui auront découvert l'eutonie par ce petit livre et qui s'y intéresseraient davantage, passent à la pratique. Pour s'en servir dans le cadre d'une réflexion, pour l'amélioration de capacités ou pour la résolution de problèmes, pour soi ou pour d'autres, il n'y a qu'une façon d'apprendre à s'en servir : vivre l'eutonie.ק

adresses

L'auteur :

M. Dominique DULIEGE 10 rue Bellecordière 69002 LYON

dominiqueduliege@gmail.com

L'eutonie par l' internet :

- Wikipédia   : eutonie
- Wikipédia   : Gerda Alexander
- France   : www.eutonie.com
- France   : www.eutonie.fr
- France   : www.institut-eutonie.com
- France   : www.eutonie-crree.com
- France   : www.sagesfemmes-eutonie.com
- Belgique   : www.eutonie-gerda-alexander.be
- Belgique   : http://apebsasbl.skynetblogs.be
- Belgique   : www.eutonischool.org
- Hollande   : www.eutonie.be
- Suisse   : www.eutonie.ch
- Québec   : www.eutonie.ca
- Danemark   : www.eutoni.dk
- Autriche   : www.eutonie.at
- Argentine   : www.eutonia.org.ar
- Brésil   : www.eutonia.org.br

Un autre site :
- www.eutoniepourlesmusiciens.com

bibliographie

- Le corps retrouvé par l'eutonie. Gerda ALEXANDER. 1977, 1981, 1996, Ed. TCHOU, puis 2011, Ed. LE BOUT DU MONDE.

- Entretiens sur l'Eutonie avec Gerda Alexander. Violeta HEMSY DE GAINZA. 1983 trad. 1997, Ed. DERVY

- Eutonie et Relaxation. Gunna BRIEGHEL-MÜLLER. 1972 puis 1986, Ed. DELACHAUX- NIESLE

- Pédagogie et thérapie en Eutonie Gerda Alexander. Gunna BRIEGHEL-MÜLLER et Anne-Marie WINKLER. 1994, Ed. DELACHAUX et NIESLE

- L'Eutonie de Gerda Alexander. Denise DIGELMANN. 1971, Ed. CEMEA éditions du SCARABE

- Eutonie et Pratiques Corporelles pour tous. Jacqueline MENIER-FROMENTI 1989, Ed. LE COURRIER DU LIVRE

- Du Corps à l'Ame. Marcel GAUMOND. 1996. Ed. LE LOUP DE GOUTTIERE Canada

- Les enfants et l'eutonie. Jenny WINDELS. 2002 puis 2011, Ed. BERNARD GIOVANANGELI

- Quand le corps sera conte… Odile VAZ-GERINGER. 2002, Ed. CAHIER BLEU / LIBRAIRIE BLEUE

- Vivre en harmonie avec son corps par l'eutonie. Mariann KJELLERUP. 2000 trad. 2002, Ed. DANGLES

- Rééducation du périnée selon l'eutonie de Gerda Alexander. Francine DOUCE. 2010, Ed. ARDHOME

- L'eutonie, chemin d'individuation. Francine DOUCE. 2012, Ed. ARDHOME

- L'Eutonie Gerda Alexander®. Dominique DULIEGE. 2002 Ed. BERNET-DANILO, traduit en espagnol La eutonia. 2011, Ed. GAIA puis 2015, Ed. VIE

- Accorder son corps, l'eutonie pour les musiciens. Dominique DULIEGE. 2015, Ed. ALEXITERE

- DVD : Accorder son corps à la Musique par l'Eutonie Gerda Alexander. Ursula STUBER, Isabelle BROWN, Michel GIGUERE. 1991, Université LAVAL Québec

- DVD : Trois films de présentation de l'eutonie, tournés à l'école de Gerda Alexander de Copenhague 1964 et 1972.

L'OUVRAGE

L'Eutonie Gerda Alexander® est une méthode de conscience corporelle élaborée de 1940 à 1980 en Europe. Son objectif est d'obtenir par le corps un mieux-être global.

Son domaine est la prévention, la rééducation et le développement personnel. L'eutonie inspire beaucoup de disciplines en sciences humaines et en sciences de l'éducation. Elle entre dans la formation des soignants, des kinésithérapeutes et des psychomotriciens en particulier, des professeurs d'éducation physique et sportive et des professeurs de danse.

Les techniques de rééducation, d'accompagnement, la relaxation, la préparation à l'accouchement et la gestion du stress comme celle du trac, trouvent en l'eutonie une base corporelle effective.

L'eutonie peut être pratiquée par tout le monde, par des personnes en pleine forme comme par des personnes momentanément ou durablement handicapées.

L'AUTEUR

Dominique DULIEGE est psychomotricien. Il suit ensuite la formation de l'école de Gerda Alexander à Copenhague pour être professeur d'Eutonie Gerda Alexander®. Il exerce depuis 1983. Il a été président de l'association française d'eutonie. Il est chargé de cours à l'Université Lyon I.

Depuis 1991, il participe à la recherche d'une Médecine des Arts avec l'association BioAmadeus et la Consultation du Musicien de Lyon. Il vient de publier en 2015 aux éditions Alexitère le livre « Accorder son corps. L'eutonie pour les musiciens. »

Le Docteur Xavier COURSIERES a aussi le diplôme d'Eutonie Gerda Alexander® et est médecin ostéopathe.

table des matières

Préface à l'édition de 2015..2

Préface..3

Introduction..4

CHAPITRE 1- qu'est-ce que l'eutonie et qui est sa fondatrice, Gerda ALEXANDER 7

une méthode de conscience corporelle.......................................8

une méthode de relaxation...8

la maîtrise du tonus...9

une préparation corporelle...10

une éducation corporelle..11

une rééducation..12

une méthode de developpement personnel..................................13

une thérapie à médiation corporelle..14

la fondatrice de l'eutonie : Gerda Alexander...............................15

sa première formation : la rythmique...15

son deuxième axe de recherche : sa maladie................................16

l'eutonie...18

les eutonistes : les professeurs d'Eutonie Gerda Alexander ®.........19

CHAPITRE 2- à quoi sert l'eutonie : 21

évacuer le stress et se détendre...22

se débarrasser de certaines douleurs...23

faire disparaître différents maux..24

améliorer la qualité et le niveau de ses performances.....................25

en bonne santé ou handicapé..27

développer une attention et une implication plus profondes et plus sensibles............28

CHAPITRE 3- les exercices d'eutonie :..30

les exercices d'étirement..31

les exercices de toucher...33

les exercices de contact..34

les exercices de passivité..35

les exercices de "dessin"..36

54

les exercices de repousser...37

l'intention de mouvement...37

les exercices d'application..38

les exercices tests...39

le test du modelage...39

les "études de mouvement"..40

CHAPITRE 4- La pratique de l'eutonie :.................................41

séances hebdomadaires ou stages...42

salle, sol, mur et squelette..42

bambous, balles, bûches et marrons...43

séances en groupe...45

séances individuelles 47

le professeur d'eutonie..48

Conclusion..49

adresses...50

bibliographie...51

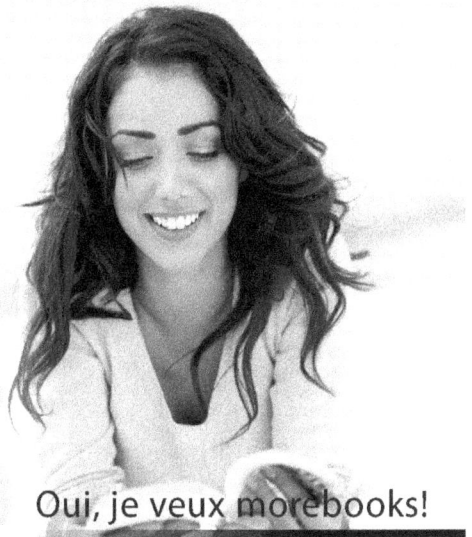

www.ingramcontent.com/pod-product-compliance
Lightning Source LLC
Chambersburg PA
CBHW031524270326
41930CB00006B/519